ANTIQUITÉS

GALLO-ROMAINES

DU

HAUT-RHIN

De la limite des deux Germanies Cis-Rhénanes

Le Camp de Witterschwyler, en face du Landskron

Voies diverses ;
Emplacements de Grammatum, de Larga,
d'Arialbinum, d'Urune, de Stabula, d'Argentouaria,
d'Edeburg et des deux postes de Volkeize,
et de Fessonia (Fessenheim)

PAR

A. CESTRE

Conducteur des travaux du Rhin, Officier d'Académie

COLMAR

IMPRIMERIE ET LITHOGRAPHIE DE CAMILLE DECKER

1869

Antiquités Gallo-Romaines du Haut-Rhin.

Carte de la Germanie supérieure jointe à notre notice sur la limite des deux Germanies : la rivière la Naße, le fl. Obringa des Romains.

Colmar le 16 Juin 1869

Costa...

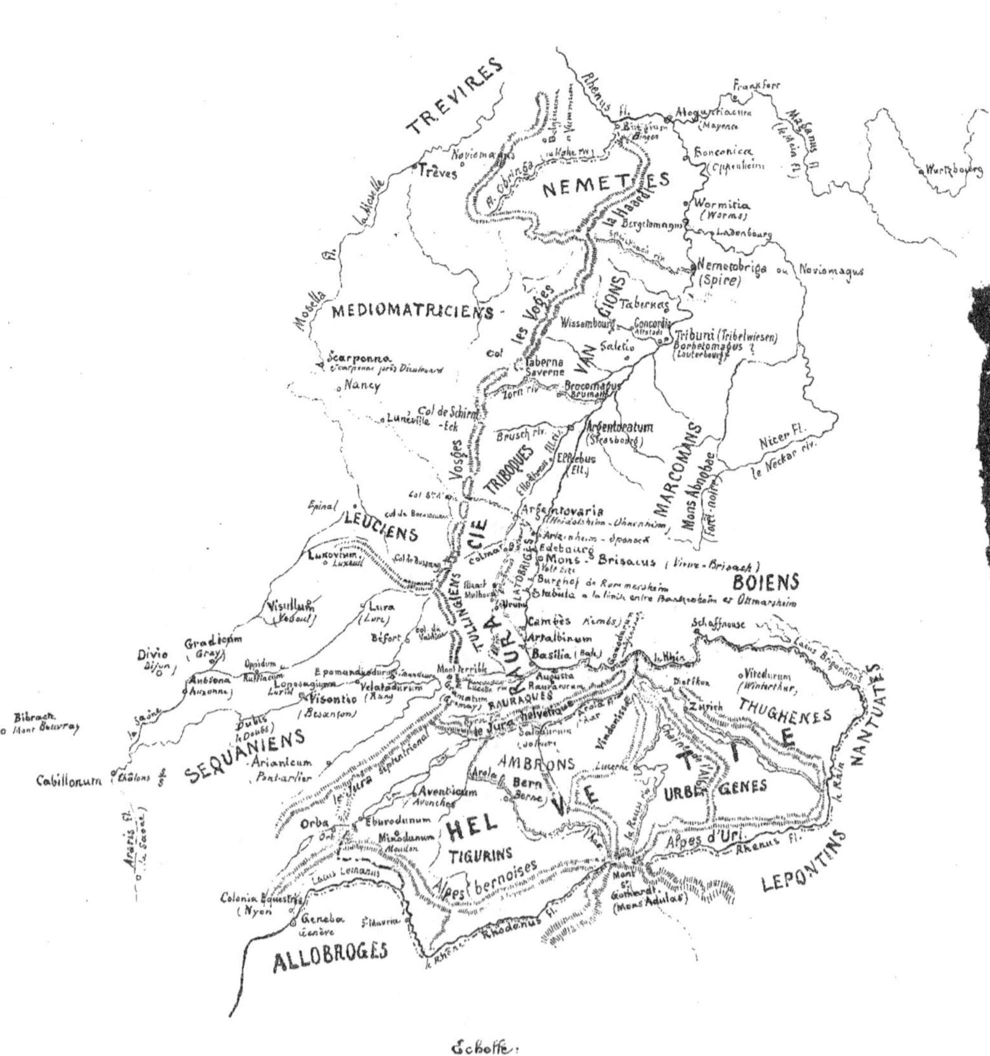

Échelle :

25 km   50   75   100 kil

Autog: Vve Weigel à Colmar.

LES
DEUX GERMANIES
CIS-RHÉNANES

LEUR LIMITE

Fluvius Obringa. — (La Nahe, rivière).

La limite des deux Germanies cis-rhénanes a été l'objet de bien des recherches et de bien des dissertations. Malgré cela, notre opinion n'ayant pas été fixée, nous donnons ci-après le résultat de nos propres recherches.

Voici quelle était cette limite d'après Ptolémée-le-Géographe :

« *Divertigium autem, quod juxta Obrincum fluvium, est ad occasum ;*

« *Ac etiam Terminus qui a fonte est, ad Alpes qui vocatur mons Adulas.* »

« La limite est à la chute (du Rhin) ; elle est formée par le fleuve Obringa ;

« L'extémité (de la province) est à la source (du Rhin), dans les Alpes, au mont Adulas. »

Au sujet de cette limite formée par le fleuve Obringa, l'abbé Grandidier a émis l'idée que ce mot Obringa n'était autre que celui d'*Ober-Rhein* (Haut-Rhin), grécisé par Ptolémée. — A cause de certains rapprochements généraux, cette idée a été généralement admise par les archéologues, par Trouillat entre autres.

L'incertitude continuant cependant, des critiques allemands ont cherché à placer cette limite de peuples cisrhénans sur la rive droite, ce qui est inadmissible *à priori*.

Enfin, M. l'abbé Martin, dans son ouvrage sur les deux Germanies, si érudit à tous les points de vue, la place le long du cours inférieur de la Moselle, en basant sa thèse sur les campements, entre Trèves et Mayence, de l'armée de la Germanie supérieure, pendant la rébellion des légions sous Civilis.

Nous allons établir que cette limite commençait à la cataracte du Rhin, à Bingen, en aval de Mayence, et se continuait le long de la rivière la Nahe, dont l'embouchure dans le Rhin est précisément à cette cataracte.

Pour répondre à l'idée de Grandidier, nous ferons observer que le nom de cette limite devait être trop connu pour permettre au géographe une modification quelconque ; d'ailleurs Ptolémée cite si exactement tant d'autres noms de nos contrées, qu'il est invraisemblable qu'il ait eu l'idée de gréciser celui-là.

La cause première de toutes les difficultés rencontrées par les archéologues, tient à la traduction erronée du mot : *Occasum*, lequel signifie ici : *chute du Rhin* et non coucher du soleil, ou Occident. Cela ressort :

1° De la phrase du géographe quand il dit :

« Quod autem ab Obrinco fluvio *ad Meridiem* tenditur,
« Germania appellatur, in quâ civitates sunt, *ab Obrinco*
« *fluvio incipiendo.* »

« Le pays situé au Midi du fleuve Obringa s'appelle la
« Germanie ; les villes qui s'y trouvent sont les suivantes,
« à partir de l'Obringa. »

Or, l'Obringa devant limiter au Midi (*ad Meridiem*) la Germanie inférieure, comment pouvait-il se trouver (*ad Occasum*) à l'Occident de la province ?

2° De l'antithèse géographique qui existe entre le *Divertigium juxta Obrincum* et le *Terminus a fonte ad Alpes*, situés l'un par rapport à l'autre : le *Divertigium* au Nord, et le *Terminus* au Sud, puisque la province étant riveraine du Rhin, elle avait ce fleuve pour frontière à l'Orient, et les Vosges à l'Occident.

3° De la linguistique qui nous dit :

a) Que le mot Obringa est la contraction des mots celtiques :

Ober-regi-enn-Kâo, aller se jeter au fond d'un gouffre, d'un gave ;

b) Que le mot Obringa correspond aux mots latins :
Obruere in cavo, s'engouffrer ;

c) Que le mot Obringa enfin correspond aux mots grecs :
O-bryx-ino-ga, le lieu du gouffre où déversent les eaux*, ce qui n'offrait pas à Ptolémée une signification différente de celles des mots celtiques et latins.

La rivière Obringa tirait donc son nom du gouffre (le *Bingerloch* de nos jours), où il y avait jadis une cataracte du Rhin.

Or, il est à remarquer :

Que cette cataracte était un de ces accidents de la nature, on ne peut mieux trouvé, pour servir de repère fixe à une frontière ;

Qu'elle se trouvait à l'angle fait par le Rhin lorsqu'il reprend la direction Sud-Nord qu'il avait abandonnée depuis Mayence jusqu'à Bingen pour en suivre une allant de l'Est à l'Ouest, correspondant naturellement à la direction transversale d'une limite de province ;

Que la Nahe a son embouchure précisément en ce même point, et qu'ainsi elle devait rationnellement être choisie pour limiter les deux provinces.

Cette rivière, d'un parcours d'environ trente lieues, a sa source dans l'angle le plus saillant de la chaîne de montagnes du Hundsruck, vers l'ancien pays des Trévires. (Voir la carte ci-jointe.) ________

Sur la carte que nous présentons, nous avons suivi la nomenclature de Ptolémée désignant successivement comme peuplades de la Germanie supérieure : les *Némètes*, les *Vangions*, les *Triboques*, les *Rauraques* et les *Helvètes*. On y trouve, dit-il, les villes suivantes :

Chez les Némètes : *Rufiana* et *Nemetobriga* ou *Neomagus* ;

Chez les Vangions : *Borbetomagus* et *Argentoratum* ;

Chez les Triboques : *Brocomagus* et *Elcebus* ;

Chez les Rauraques : *Argentovaria* et *Augusta Rauracorum* ;

* ou encore : ὦ βρύχη ἵνα χάος.

Chez les Hélvètes : *Ganodurum* et *Forum Tiberii*.

Dans son ouvrage sur les deux Germanies, M. l'abbé Martin a fait ressortir par une foule de citations positives que Moguntiacum (Mayence) était une ville de la Germanie supérieure, et que pour ce nom, comme pour celui d'Argentoratum, il y avait eu dans la traduction de Ptolémée une transposition de nom (une faute de copiste) : Argentoratum ayant été la capitale des Triboques, et non celle des Vangions.

A propos de Borbetomagus, nous ferons faire la remarque suivante : c'est que généralement on considère la ville de Worms comme étant l'antique Borbetomagus, ce qui en ferait une ville des Némètes, tandis que Ptolémée la place chez les Vangions.

Or, la ville de Worms a été fondée vers l'an 407 par les Vandales, lors de leur passage à travers les Gaules, quand ils allèrent en Espagne (*Dictionnaire général d'Histoire*, de Dezobry et Bacheler).

C'est à la consonnance des radicales des deux noms Borbetomagus et Worms qu'est due la qualification de Borbetomagus, donnée à Wormitia, tout comme dans le Haut-Rhin, à cause de pareille consonnance entre les radicales d'Argentovaria et d'Artzenheim, on a pendant longtemps désigné ce dernier endroit comme étant l'emplacement du premier, tandis qu'il est avéré depuis vingt ans, que les ruines d'Argentovaria gisent dans les marais de l'Ill, entre Heidolsheim, Ohnenheim et Elsenheim.

Nous chercherions les ruines de Borbetomagus dans les marais du confluent de la Lauter et du Rhin, entre Neubourg et Lauterbourg, dans les cantons dits : *Rumes* (les décombres), *Ziegelacker* (les champs aux tuiles) et *Tribelwiesen* (les prés de Tribuni ?), au pied du cap du village de *Berg* (?) Tribuni aurait été pour Borbetogamus ce qu'étaient Arialbinum pour Basilia, Œdenburg et Folk-Elze pour Mons Brisiacus : des postes avancés dans le voisinage de la ville.

Les Némètes, les Vangions et les Triboques figurent dans la nomenclature des peuplades de l'armée d'Arioviste que battit César. Malgré cela, nous les tenons pour peuplades celtiques et non germaniques. En voici les motifs :

Peu d'années auparavant, elles avaient fraternisé avec les Germains comme alliées des Séquanes, en faisant campagne contre les Eduens, et en dernier lieu elles obéissaient à cette impulsion générale qui jetait tous leurs voisins du Sud dans les hasards de l'émigration. Ces voisins, tous de la grande famille celtique, n'en portaient pas moins la guerre au centre de la Gaule. Les Némètes, Vangions et Triboques étaient pour l'armée d'Arioviste, ce qu'étaient de nos jours pour la grande armée, les Badois, les Bavarois, les Wurtembergeois, les Suisses, les Westphaliens, les Hollandais, etc. Ajoutous que si les Némètes, les Vangions et les Triboques n'avaient pas été d'origine celtique, on ne les eût pas tolérés sur les terres de la Gaule, si l'on en juge par la haine profonde que les Germains d'Arioviste s'étaient attirée, au dire de César ; malgré cela, peu d'années après, on les trouve établis sur la rive gauche du Rhin.

La Rauracie de Ptolémée comprenait trois peuplades que César battit en même temps que les Hélvètes, auxquels elles s'étaient jointes pour émigrer. C'étaient les Tulingiens, les Latobriges et les Rauraques proprement dits, toutes trois peuplades cis-rhénanes ; ainsi que M. l'abbé Martin l'a également établi dans ses *Deux Germanies*.

Enfin l'Hélvétie comprenait quatre pagi ou cantons, celui des Tigurins, celui des Urbigènes (cités par César), celui des Thughènes et celui des Ambrons, cités par les écrivains contemporains.

La division territoriale que nous donnons de tous ces cantons est celle des limites naturelles par les rivières, telles qu'originairement les peuplades ont dû en convenir : ces limites étant faciles à reconnaître, sans conteste, et offrant une garantie de sécurité que n'offre aucune ligne de faîtes de montagnes.

Les Tigurins occupaient les deux versants des Alpes bernoises, entre le Rhône, le Lac de Genève, l'Orbe, les Lacs de Neuchâtel et de Bienne, et enfin l'Aar jusqu'au Saint-Gothard (*Mons Adulas*).

Les Ambrons occupaient les deux versants de la chaîne des Alpes, compris entre l'Aar et la Reuss, au Saint-Gothard.

Les Urbigènes occupaient les deux versants des Alpes d'Uri et des Alpes de l'Albis, entre la Reuss, la Limmat, le Lac de Zurich, la Linth et le Rhin, au Saint-Gothard.

Les Thughènes occupaient les deux versants des Alpes, compris entre le Rhin, le Lac de Constance, la Limmat, le Lac de Zurich et la Linth.

Les Rauraques occupaient les deux versants du Jura helvétique, entre l'Aar et la Byrse, jusqu'au ~~limite de~~ confluent de ces deux rivières dans le Rhin lequel formait limite à l'Orient.

Les Tulingiens occupaient le versant oriental des Vosges. Le col de Sainte-Marie-aux-Mines au Nord, le Ballon d'Alsace au centre, et vers le Sud le col de Val-Dieu et le Mont Terrible, étaient les points fixes de cette frontière. La Lucelle et le Byrse formaient limite au Sud jusqu'au Rhin ; le Rhin et l'Ello-Rhenus à l'Orient, car à l'époque celtique les eaux du Rhin s'écoulaient simultanément par la vallée actuelle du Rhin et par celle de l'Ill.

Enfin, les Latobriges étaient confinés entre le Rhin à l'Orient et au Sud, l'Ello-Rhenus à l'Occident et la marche de Marckolsheim au Nord.

Nous traiterons ultérieurement de ces limites dans un article spécial.

Colmar, le 16 juin 1869.

CESTRE,
Conducteur des travaux du Rhin,
Officier d'Académie.

COLMAR, IMPRIMERIE DE C. DECKER.

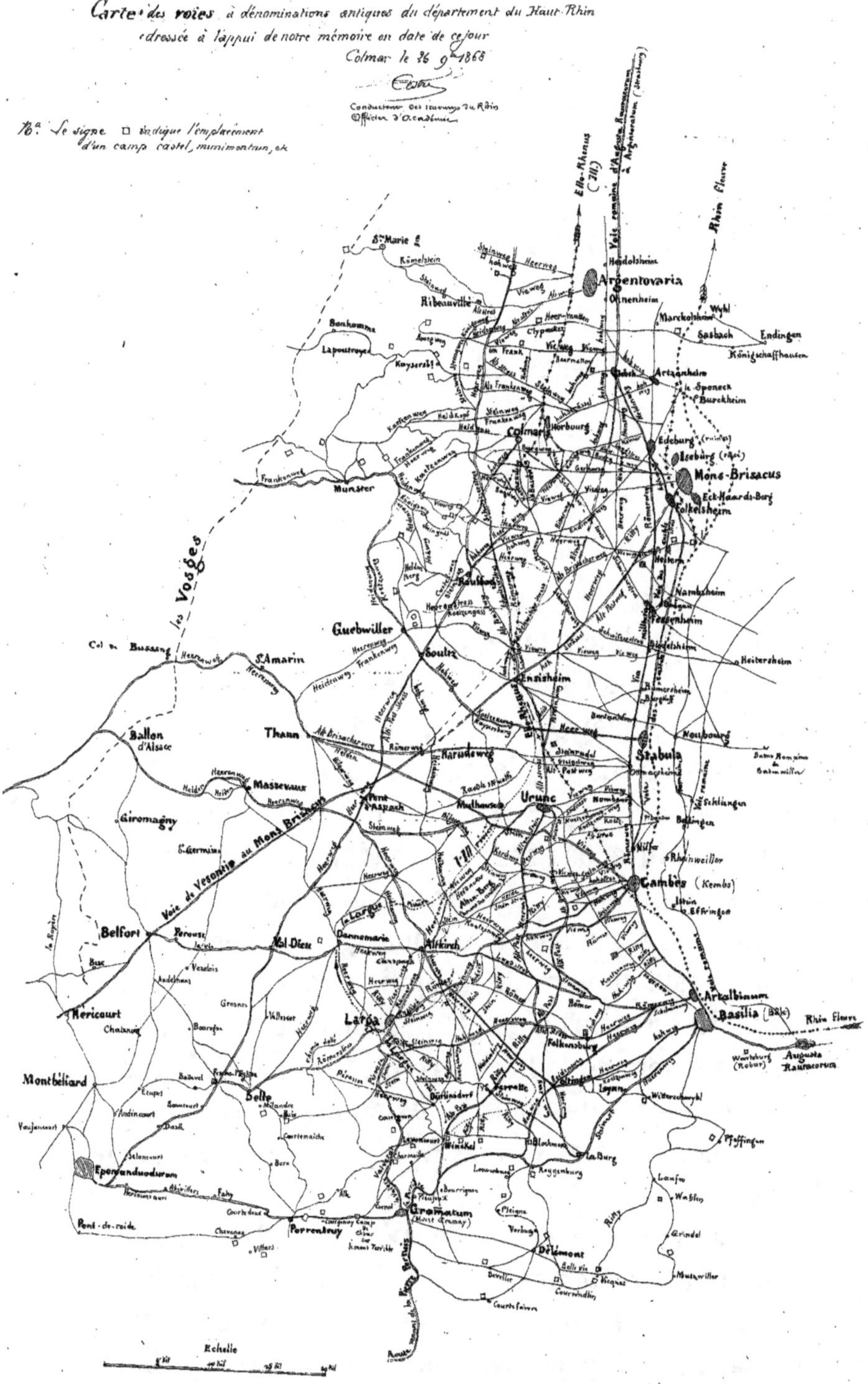

Antiquités Gallo-Romaines
du Haut-Rhin
Carte des voies à dénominations antiques du département du Haut-Rhin
dressée à l'appui de notre mémoire en date de ce jour
Colmar le 26 9bre 1868
Conducteur des travaux du Rhin
Officier d'Académie
Nota. Le signe ☐ indique l'emplacement
d'un camp castel, munimentum, etc.
les Vosges
St Marie
Römelstein
Steinweg
Heerweg
Hadolsheim
Argentovaria
Ribeauvillé
Ottenheim
Bonhomme
Marckolsheim
Wyhl
Sasbach
Endingen
Lapoutroye
Königschaffhausen
Kaysersberg
Altes Frankenweg
Andolsheim
Artzenheim
la Sponeck
Burckheim
Colmar
Horbourg
Edeburg (ruines)
Iseburg (vici)
Frankenweg
Mons-Brisacus
Munster
Eck-Haardt-Burg
Volkelsheim
Namsheim
Rautbach
Heitenheim
Guebwiller
Heerweg
Heiterheim
Col de Bussang
S. Amarin
Soultz
Ensisheim
Ballon d'Alsace
Thann
Römerweg
Harudeweg
Stabula
Massevaux
Bains Romains
à Badenwiller
Giromagny
Urunc
Mulhouse
S. Germain
Schliengen
Bellingen
Voie de Vesontio du Mont Brisach
Wilfen
Rheinweiller
Cambes (Kembs)
Largue
Rhin Effringen
Belfort
Perouse
Dannemarie
Altkirch
Val-Dieu
Arialbinum
Hericourt
Laroa
Basilia (Bâle)
Rhin Fleuve
Falkenburg
Warthburg (Robur)
Augusta Rauracorum
Montbéliard
Delle
Pfeffingen
Winkel
La Burg
Epomanduodurum
Lauffen
Wahlen
Pont-de-roide
Grindel
Porrentruy
Cramatum
(Mont Cramay)
Verâng
Delémont
Belle vie
Develler
Courtendlin
Courtelaine
Echelle
Aut. de Vve T.A. Weigel à Colmar.
Rhin Fleuve
Voie romaine d'Augusta Rauracorum à Argentoratum (Strasbourg)
Elle-Rhinus (?ill.)

CAMP ROMAIN

DE WITTERSCHWYLER

PRÈS DE BALE.

Ce camp, complétement ignoré du public, n'est même pas mentionné dans l'ouvrage, cependant si détaillé, publié par M. le colonel Quiquerez, en 1864, sur les antiquités du Jura. Nous en devons la connaissance à M. J. Von Arx, curé de Witterschwyler, qui, malgré son grand âge, a bien voulu nous y servir de guide. Aussi la présente notice est-elle plutôt le fruit de ses études que des nôtres.

Le camp est assis sur une montagne isolée, connue dans le pays sous le nom de Kœpfli. Orographiquement, la hauteur du Landskron est le prolongement primitif de ce Kœpfli qui domine le Landskron, et qui en a été séparé par le déversement des eaux diluviennes de cette partie du Jura, allant se jeter vers le Rhin, par la petite gorge de Flühen.

Par ses signaux le camp de Witterschwyler pouvait communiquer directement : avec le castel de La Burg, avec la vigie du Rœmel, avec le camp de Blochmont, avec la vigie d'Oltingen, avec le camp de Folgensburg, avec le castel d'Istein, et par celui-là avec Cambès, avec les villes de Basilia et d'Arialbinum, et enfin , par les hauteurs d'Æsch et la vigie de Schauenburg, avec Augusta Rauracorum. En un mot, du camp de Witterschwyler la vue rayonnait au loin vers une foule de postes romains.

Si l'emplacement en était bien choisi comme poste d'observation, il ne l'était pas moins bien comme position d'une facile défense.

En effet, du côté des Gaules et de l'Helvétie , l'accès du camp était défendu par une longue ligne de rochers coupés à pic, en un mot, par une véritable falaise. Du côté de la Germanie, la pente abrupte de la montagne et au- delà de 500 mètres de remparts le protégeaient contre les efforts des assaillants. Le Wallum a encore de 15 à 20 pieds d'élévation au-dessus d'un fossé de 12 pieds de largeur. Les fronts de ce rempart, de longueurs irrégulières, suivent les mouvements du sol et la courbure de la montagne, affectant par conséquent une forme semi-circulaire.

A l'un des angles du rempart se remarque une surélévation, laquelle, à raison de sa position, doit avoir été l'un des postes des *buccinatores,* chargé de sonner les veilles du camp. — Plus loin , vers le milieu de la demi-circonférence du Vallum, se trouve un rentrant de 40 pieds de longueur, où aboutit un chemin dit *Burgweg,* lequel monte de la vallée au camp. C'était l'emplacement de la porte *Prétorienne.* Un amas considérable de moëllons semble désigner que cette porte avait une tourrelle, chargée de la défense de l'entrée du camp.

Le Burgweg a disparu en partie sous le soc de la charrue, depuis quinze ans environ. Cependant il en existe encore un tronçon très-bien conservé. Il se rattachait à la voie de la vallée de Leymen, dont l'une des traces a été retrouvée, en 1865, à Witterschwyler, enfouie à près de 2 mètres sous le sol actuel.

Le point culminant ducamp était occupé par une plate-forme très-bien conservée, de 8 mètres de largeur et de 18 mètres de longueur. Là s'élevait la tente du préteur commandant la légion. Deux gradins de 20 mètres de largeur s'étendent en avant de cette plate-forme : c'étaient les emplacements réservés aux tentes des Tribuns et des chefs des alliées. Les lignes des gradins étaient déterminées, il y a moins de dix ans encore, par des lignes de chênes. Ajoutons que les arêtes des gradins et des plates-formes sont encore très-bien conservées.

Une épaisse couche de pierres de jet couvre la base de la rampe en face de l'entréé principale ; M. Von Arx y a trouvé la spata d'un légionnaire. De nombreux fers de flèches, à hampes creuses, y ont été trouvés également. Dans le camp même on a trouvé beaucoup de ces fers réunis par petites poignées ; c'étaient des faisceaux de flèches n'ayant pas servi dans la dernière lutte. Un grand nombre de ces fers avaient été fixés dans les boiseries de l'église de Witterschwyler : un amateur inconnu les en a tous enlevés.

Un léger filet d'eau s'échappe du deuxième gradin et se dirige vers la droite, où il se perd dans un emplacement qui paraît avoir été un réservoir, à en juger par la surface circulaire qu'occupent les herbes aquatiques. Ce filet d'eau était, sans aucun doute, insuffisant pour alimenter le camp en entier ; aussi tout porte à croire que la petite gorge de Flühen était fermée, et qu'alors toutes les eaux du voisinage étaient réunies dans l'étroit vallon de Notre-Dame de la Pierre, au pied même de la falaise dont nous avons parlé, ajoutant ainsi une défense remarquable à toutes les autres défenses du camp. C'est là, du reste, la première pensée que fait naître l'aspect des lieux ; car du haut de la falaise, le géologue lit une des plus belles pages de la marche de grandes eaux dans le Jura.

Une tour, de dimensions fort restreintes, existait jadis au bas du camp : on l'appelait Sterneburg. Elle a été démolie, il y a dix ans environ, et l'on a fait marchandise des moëllons de grand appareil dont elle était bâtie. Ce devait être l'une de ces nombreuses petites tours où étaient postés des soldats pour la transmission des signaux et des dépêches. On n'en connaissait pas l'origine.

CESTRE,

Conducteur des travaux du Rhin,
Officier d'Académie.

ANTIQUITÉS GALLO-ROMAINES DU HAUT-RHIN.

VOIES DIVERSES.

AVANT-PROPOS.

Pour faciliter l'intelligence de notre travail , nous croyons devoir d'abord entrer dans quelques détails sur les dénominations de nos voies antiques , la signification primitive de quelques-unes s'étant perdue.

1° Dans la partie allemande du département ; nous avons trouvé les noms suivants :

Heidenweg ou *Heidenstroos* , chemin ou route des Payens ;

Römerweg ou *Römerstross* , chemin ou route des Romains ;

Schwitzerweg ou *Schwitzerstross*, chemin ou route des Suisses.

Cette dénomination rappelle que le bornage de toutes les routes de l'empire romain avait un point de départ unique, au Forum de Rome. Or la Suisse étant entre l'Italie et l'Alsace , on comprend dès lors la valeur de cette dénomination.

Hohweg ou *Strässel*, le chemin en relief au-dessus du sol ordinairge ;

Heerweg ou *Stroos*, le chemin des troupes, des armées.

Très-souvent sur les plans cadastraux le mot *Heer* est écrit *Herr* : c'est ainsi que l'ancien champ de manœuvres de la garnison de Neuf-Brisach y est désigné sous le nom de *Herren-Acker* au lieu de l'être sous celui de *Heeren-Acker*. Cela provient de ce que le mot *Heer* était inconnu aux géomètres français qui ont fait les levers de plans.

Steinweg, *Steinstroos*, *Im Stein*, *Steinert*, la voie dallée, pavée, à fond en blocage.

Le col du Simmeringen en Autriche est traversé par une voie appelée *Heiden-Steinert*, la voie dallée des Païens.

En Alsace la signification primitive de la dénomination *Im Stein*, *Steinert*, s'est perdue ; c'est pour cela qu'on confond ordinairement le *Steine-Kritz* (la croisée des voies) avec le *Steine-Kritz* (la croix en pierre); le grand nombre de croix en pierres plantées dans les carrefours y a puissamment aidé.

Le grec, *Steinos* (chemin dangereux) correspond aux dénominations ci-dessus.

Plusieurs montagnes de l'Alsace sont appelées *Steine-Berg*, parce que d'anciennes routes serpentent sur leurs flancs ; de là aussi les noms des villages de Steinsultz, Steinbrunn, Steinburg, Steinseltz, tous traversés par d'antiques voies.

Il y a encore :

Vie-weg ou *Vieh-weg*, du latin *viâ-vehere*, traîner sur la route, voiturer, route carossable.

Le mot latin *via* se prononce en allemand *Fia* ; il en est résulté que la signification de *via* s'étant perdue, on écrit de nos jours *Viehweg* pour *Vieweg*, ce qui donne une tout autre signification au nom : le mot *Vieh* signifiant : bestiaux.

Ritti, *Ritty*, *Rutté*, *Ruttené*, *Ruttel*, *Rudel*.

Les deux premières dénominations signifient : chevauchée. C'étaient d'anciennes routes postales : en patois alsacien *Rittè* et en allemand *Reiten*, c'est aller à cheval.

Les autres dénominations correspondent aux termes latins : *Ruteratio*, pavage, bloccage ; *ruitturus*, entraîner ; *rus-iter* et *Rus-itum*, chemin vicinal. En allemand, *Rütteln*, c'est le cahottement de la voiture. En celtique, *Rédi*, c'est courir avec impétuosité. En grec, *Ruton*, la route ; *Rutère*, qui traîne ; *Reo-iteon*, s'enfuir.

Meeren, du latin *Meare*, marcher.

Eheren, du latin *Vehere*, traîner, voiturer.

Strueth, *Strüt*, *Straït*, du celtique, *Streat*, la route ; en latin, *Stratum iter* ; en allemand, *Streuen*, sabler la route.

Dietweg ou *Düttweg*, le chemin de traverse ; du celtique, *dï-et* ou *dï-it*, qu'il aille là ! L'adverbe *di* est un adverbe de mouvement vers un lieu éloigné ; en latin, *di-it* de *di-ire* ; en grec, *dia-iteon* (de *éimi*), aller vers, en traversant.

Une autre dénomination fréquente en Alsace, qui se retrouve même dans bien des noms de villages, c'est celle de :

Wihr ou *Weier*, contraction des mots latins *Via-ire* ou *Viâ-vehere*.

Le mot allemand *Weier* signifiant étang, c'est au sens de ce mot qu'on rattachait celui du nom de village. Or très-souvent la configuration du sol ne s'y prête pas et l'on ne trouve nulles traces d'étang ; au contraire, une antique voie traverse le canton ; à preuve entr'autres le sommet de la colline d'Illzach, lequel porte le nom de *Weier*.

2° Dans la partie française du Haut-Rhin et dans les environs de Porrentruy, Delle, Délémont, on trouve les dénominations suivantes :

La vie, du latin, *via*, la route.

La Ferrière, contraction du latin, *fero-ire*, ou du grec, *phero-airo* ; se mettre en route, transporter.

La vaivre, *la voivre*, de *viâ-vehere*.

La Perrière, de *per-ire* ou de *peri-erro*, s'en aller par dessus les montagnes.

Les Prérat, de *præ-radius*, le rayon de la roue de devant.

La Prière, *la préière*, de *præ-ire*, prendre les devant.

Les Estrayes, de *extrahere*, emmener à l'étranger.

La Pérouse. Ce nom est fréquent, non-seulement dans les montagnes du Jura, mais dans toute la France. Ces Pérouses étaient des voies commerciales (du grec, *Pe-rousa*, aller pour vendre). L'on sait combien les commerçants de la Grèce étaient actifs et aventureux. Cette

Pérouse de l'Alsace serait un indice de plus de leur présence dans nos contrées.

Cette particularité ; celle du nom de Roumanie que les habitants donnent aux cantons de Delle, Délémont, Porrentruy, etc. ; leur langage rouman ; les inscriptions grecques de Mandeure ; le profil grec de la plus grande partie des médailles celtiques qu'on trouve en ces parages ; tout nous fait croire qu'il y a eu pour le moins une colonie grecque dans ces lieux ; tout comme un peu plus au sud, sur le Doubs, à Andorre, il y avait une colonie d'Egyptiens.

DES VOIES ROMAINES :

1º D'Augusta Rauracorum à Argentoratum ;
2º D'Argentoratum à Argentouaria, à Urunc, à Larga, à Grammatum et à Epomanduodurum ;
3º Voies des castels du Rhin.

MÉMOIRE.

Les deux grandes voies ci-dessus de l'Ill et du Rhin, partaient toutes deux de la Colonie helvétique et aboutissaient à Argentoratum.

L'une débouchait de la Pierre-Pertuis (Porta-Petrosa) et se continuait par Grammatum, Urunc et Argentouaria, vers Argentoratum.

L'autre venait d'Augusta-Rauracorum et passait par Basilia, Artalbinum, Cambès, Stabula, Œdeburg ; elle ralliait la voie de l'Ill par un *Heidenweg* ou *Hohweg* vers Elsenheim.

L'attention de l'archéologue s'arrête tout spécialement sur ces deux grandes voies, dont l'une, parfaitement conservée dans tout son parcours dans le département du Haut-Rhin, semble discontinuer en pénétrant dans le département du Bas-Rhin ; tandis que l'autre au contraire est parfaitement conservée depuis Strasbourg jusque dans le Haut-Rhin entre Urschenheim et Widensohlen, où elle

s'arrête tout d'un coup, sans que de prime-abord on
puisse juger si elle a eu un prolongement quelconque,
car toute trace en disparaît sur plus d'une lieue et le
premier tronçon qu'on en retrouve est enfoui dans la
forêt du Kastenwald, banlieue d'Appenwihr. Nous nommerons cette voie, la voie de l'Ill, parce qu'elle est construite sur la ligne de partage des vallées de l'Ill et du
Rhin ; l'autre nous la nommerons la voie du Rhin et
aussi *Via militaris*, parce qu'elle est construite à courte
distance de la crête du 2ᵉ lit majeur du Rhin, le long de
laquelle serpente la route commerciale du Rhin, l'ancienne voie celtique.

A cause de l'arrêt subit de la voie de l'Ill, on a cru
pendant longtemps que cette voie et celle du Rhin n'étaient
que le prolongement l'une de l'autre et on les disait reliées par une voie oblique s'embranchant à la voie du
Rhin en amont de Neuf-Brisach et rejoignant la voie de
l'Ill à Widensohlen en passant sous les déblais du canal
Vauban. Il est reconnu aujourd'hui qu'il n'en est rien,
car c'est Vauban qui a fait exécuter la portion de chemin
oblique entre Neuf-Brisach et la voie du Rhin, portion
de chemin d'ailleurs à ras du sol, tandis que la voie du
Rhin la domine par un relief de plus de deux mètres.
Ainsi que nous l'avons dit, la voie du Rhin et la voie de
l'Ill sont reliées diagonalement par un *Hohweg* qui s'em-
branche à la voie du Rhin près des ruines d'Œdenburg,
banlieue de Biesheim, lequel se dirige sous le nom de
Heidenstrüssel, par Kunheim et Elsenheim vers Argentovaria.

La voie d'Argentoratum à Argentouaria se prolongeait
dans le Haut-Rhin le long de la rive droite de l'Ill, par
Ensisheim, Urunc, Larga et Grammatum vers la Pierre-
Pertuis.

La voie du Rhin, au contraire, après avoir jeté son trait
d'union avec la voie de l'Ill par le Heidenstrüssel d'Œdenburg, se continuait vers l'ancien Rhinau (englouti) et
vers Argentoratum, mais en suivant la crête du 2ᵉ lit
majeur du Rhin, comme elle le fait entre Bâle et Ottmarsheim. Nous en exposerons le motif ci-après,

Ces deux voies offrent ainsi un caractère général incontestable.

La direction générale de la voie entre Argentoratum et Argentouaria, nous avait fait pressentir qu'elle devait se prolonger à travers le Haut-Rhin le long de l'Ill. Nos recherches ont confirmé nos prévisions et nous ont fait découvrir des tronçons que désormais l'on n'avait plus qu'à relier entre eux pour reconstituer cette belle voie.

Afin de mieux faire ressortir ce que nous avons à développer, nous devons rappeler que les voies romaines ont un cachet particulier : celui d'être en relief très-prononcé au-dessus du niveau du sol ordinaire. Elles forment ainsi de véritables digues. La raison d'être de ce relief au-dessus du sol était surtout motivée par la nécessité *de pouvoir circuler d'un bout de la province à l'autre sans interruption*, malgré les hautes eaux, soit du Rhin, soit de l'Ill; car, on se le rappelle, les eaux du Rhin prenaient souvent autrefois le chemin de la vallée de l'Ill. Les ingénieurs romains devaient donc donner à leurs voies un relief tel, que la circulation fût assurée en tout temps et par toutes les crues.

Dans ce but ils donnèrent aux voies du Bas-Rhin un relief bien plus considérable qu'à celles du Haut-Rhin, parce que dans le Bas-Rhin il y a forcément une plus grande masse d'eau que dans le Haut-Rhin ; parce que la pente générale du sol y est beaucoup plus faible, et enfin parce que l'élévation de ce sol au-dessus du niveau des eaux du Rhin y est beaucoup moindre que dans le Haut-Rhin. C'est ce qui ressort des chiffres suivants :

Altitude de la route à Saint-Louis 264 mètres ; Altitude du zéro rhénométrique à Huningue, 245 m. Différence 19 m. — Altitude de la route à Marckolsheim 182 m. ; Altitude du zéro rhénométrique du Sponeck 177 mètres. Différence 5 m. — Différence cherchée 14 m.

Cette circonstance topographique a été la cause que la crue du Rhin de 1852 qui marquait 6^m,63 à Bâle, n'a pu atteindre la route à Saint-Louis, tandis qu'elle l'a atteinte près de Marckolsheim où elle l'a rompue en plusieurs endroits par déversement. Mais il eût fallu une crue d'un débit au moins quadruple de celui de la crue de 1852 , pour que les eaux eussent pu arrêter la circulation sur l'ancienne voie entre Argentouaria et Argentoratum , bien que la crue de 1852 débitât plus de cinq mille mètres cubes d'eau par seconde.

Mais la prévoyance des ingénieurs romains pour n'avoir cherché qu'à parer aux effets longitudinaux des eaux de l'Ill et du Rhin , se trouva en défaut lors des crues des torrents des Vosges , lesquels prirent en flanc toutes les voies longitudinales de l'Alsace et les ruinèrent sur de grandes longueurs , ainsi qu'en témoignent les ravins à travers la plaine et ce que confirme également la lecture des altitudes du sol , depuis les Vosges jusqu'au Rhin , transversalement au droit des vallées de Massevaux, de Saint-Amarin , de Guebwiller, par où débouchent les torrents. Ces altitudes accusent en effet :

1º Une pente totale de 196 mètres sur 44,000 mètres de distance entre Massevaux et le Rhin , ou un simple parcours de neuf lieues (torrent de la Doller) ;

2º Une pente totale de 130 mètres sur 34,500 mètres entre Thann et le Rhin , ou un parcours de sept lieues (torrent de la Thur) ,

Et 3º Une pente totale de 74 mètres sur 30,000 mètres entre Guebwiller et le Rhin , ou un parcours de 7 lieues (torrent de la Lauch), etc., etc.

De simples levées en terre ne pouvaient offrir résistance suffisante à de pareilles chûtes d'eau ; de là :

1º La rupture de la voie de l'Ill dans les banlieues de Widensohlen, d'Appenwihr, de Hattenschlag, d'Oberentzen et d'Ensisheim ;

2º Celle de la voie de Vesontio au Mons-Brisiacus, depuis Wittelsheim, à travers les banlieues de Staffelfælden, de Schönensteinbach, de Pulversheim, d'Ungersheim et enfin à son extrémité dans les banlieues d'Obersaasheim et d'Algolsheim ;

3º La rupture du *Hohweg* ou *Heerenweg* de Dessenheim, dans les banlieues de Wolfgantzen et de Widensohlen ;

4º Celle du Gerleweg et des autres voies qui du Mons-Brisiacus rayonnaient vers les Vosges ;

5° La rupture de la voie du Rhin, dans les banlieues de Rumersheim, de Bantzenheim, etc.

Nous le répétons, toutes ces ruptures et bien d'autres encore, n'ont eu d'autres causes que le déversement des eaux torrentielles des Vosges La disparition d'une dizaine de villages situés jadis sur leur passage vient à l'appui de ce que nous avançons. A titre de renseignement aussi curieux que terrible, nous citerons le village actuel d'Ingersheim, qui se trouve aujourd'hui bâti sur un amoncellement de quatre mètres d'épaisseur de graviers déposés par la Fecht par dessus le village primitif. Il y a peu d'années, un sieur Schwindenhammer, en creusant les fondations d'une maison, a mis à découvert la partie supérieure d'une croix en pierre de cet ancien village et expressément l'on posa la pierre angulaire de la nouvelle maison sur l'un des bras de la croix. Dans-la même vallée, à 1,000 mètres de Turckheim, en approfondissant un puits de l'usine Kirschläger, on mit à jour sous une couche de galets de la plus grosse espèce, tout un atelier de serrurerie du moyen-âge ; des plats aux armes des seigneurs du voisinage, indiquent que cette disparition ne remonte qu'à quelques siècles. Des ensablements pareils ont eu lieu ailleurs et bien des portions de voies sont aujourd'hui enfouies ; à preuve encore, celle qu'à Witterswyler, vallée de Leymen, on a mise à découvert en creusant une cave, elle était recouverte de plus de 2 mètres de limon ; à Neuf-Brisach, ce sont les débris d'une épée, des monnaies d'argent de Henri II, de la république de Gênes, de Gonzalve de Portugal, qui ont été exhumés d'une profondeur d'au moins quatre mètres (maison Angely).

Que les plus grands ravages de l'espèce aient eu lieu en 1480, alors que toutes les rivières de l'Alsace sortirent en même temps de leurs lits, c'est probable. Cependant il ressort de l'examen de notre sol, que déjà avant cette époque il existait de nombreux ravins ou *sohlen* ayant la direction des Vosges au Rhin et par lesquels les eaux avaient pu antérieurement détruire celles des routes qui passaient par le travers de ces ravins. Tel, par exemple, celui de la banlieue d'Appenwihr, *au milieu* duquel s'élève l'un des plus grands *tumuli* de l'Alsace (à courte distance de la voie de l'Ill et de celle dite *Brisigweg*).

Bien que rompues, il paraît que certaines voies furent utilisées telles quelles, ou que réparées, elles servirent longtemps encore aux transactions. Leur état d'abandon n'a dû commencer que lors de la réunion de l'Alsace à la France par suite d'un déplacement forcé dans les intérêts commerciaux. Survint depuis la construction du canal du Rhône au Rhin, ouvrant une voie plus grande et plus facile entre les centres industriels qui se sont formés depuis cinquante ans, mais diminuant les facilités de parcours des voies qu'il coupait, en n'établissant de ponts qu'à certaines écluses ; cette construction, disons-nous, a porté le coup de grâce à bon nombre de voies antiques qui furent dès lors abandonnées, vendues ou déclassées. Aujourd'hui on laboure les unes, et les autres sont à peine considérées comme chemins de petite vicinalité.

Nous avons rattaché tous ces tronçons épars, en nous basant d'ailleurs pour ce travail, sur les noms conservés aux cantons traversés, et sur ce fait encore, que dans ces mêmes cantons traversés par les voies, on trouve fréquemment des médailles, des armes et des ruines. L'ensemble que nous avons ainsi obtenu, répond à l'idée de prospérité matérielle que l'on se fait de nos contrées à l'époque romaine. Les Romains d'ailleurs n'avaient guère eu qu'à améliorer les voies gauloises déjà existant, attendu que les populations de la Gaule Belgique dont l'Alsace faisait partie, étaient de toutes, celles qui se servaient le plus de chars, et qui par conséquent, devaient avoir des routes nombreuses. Déjà avant nous M. de Golbéry était amené à faire la réflexion précédente, dans son bel ouvrage sur les antiquités de l'Alsace.

Le fruit de nos recherches a reçu une sanction bien précieuse : celle d'une parfaite concordance entre nos tracés et les données si controversées des itinéraires : en raison des difficultés qu'on rencontrait à faire concorder les voies et les emplacements proposés, avec les indications de ces feuilles de route de l'Empire romain.

Afin de procéder avec un certain ordre nécessaire à la

clarté du sujet, nous allons indiquer d'abord l'emplacement que nous trouvons pour les points controversés ; nous reproduirons ensuite sous forme de tableau les indications des divers itinéraires qui sont parvenus jusqu'à nous ; nous donnerons enfin les détails des voies qui d'après les itinéraires reliaient les diverses villes entre elles.

Emplacement : 1° De *Grammatum* ;
—   2° De *Stabula* ;
—   3° D'*Urunc* ou *Orinc* ;
—   4° D'*Arialbinum*.

Grammatum. — Ville bâtie sur le plateau du mont *Gremay*, (bassin du Doubs), au point de partage du Jura entre les vallées du Doubs, de l'Ill et de l'Aar, en face du mont Terrible occupé par un camp romain dit : Camp de César.

Grammatum était la première station après Epomanduodurum. Au pied de la montagne s'est fondée plus tard le couvent de Lüttzel (Lucelle).

Stabulæ. — Cette station occupait l'emplacement dit *Sappènerfeld* à la limite des banlieues de Bantzenheim et d'Ottmarsheim, dans le 3ᵉ lit majeur du Rhin à 800 m. de la *Via militaris* du 2ᵉ lit majeur, au pied du rideau de terrain, dit *Stabelè-Raïn*, où se trouvait encore en 1688 un fief appelé *Marg-Stâllenlehen*.

Stabulæ était bâti sur les bords du thalweg de l'époque romaine, que nous avons signalé dans notre article sur les divers lits du Rhin. Le choix de cet emplacement était la conséquence forcée de la nécessité d'avoir pour les chevaux un abreuvoir facile, des fourrages en abondance, toutes choses que n'offre pas le sol sec et aride du 2ᵉ lit majeur du Rhin sur lequel est établie la voie militaire.

Urunc ou *Orinc.* — Cette ville était située au canton *Urben* ou *Ourwen*, à la sortie du *Tsourenwald*, sur le sommet du dernier mamelon jeté par le Jura dans les plaines de l'Alsace près de Mulhouse, entre Rixheim et Riedisheim.

La Doller, l'Ill et jadis le Rhin, se réunissaient au bas d'Orinc, en un même lit, formant limite entre les Tulingiens et les Latobriges.

Arialbinum. — Ce poste était situé sur le petit plateau qui sépare la vallée de la Birsig d'avec celle du Rhin, à 1,200 mètres environ du pont de Bâle en face du delta de la Wiesen.

Tableau des distances qui séparaient diverses villes de l'Alsace à l'époque romaine, d'après les itinéraires et d'après la carte théodosienne.

En lieues gauloises de 2222ᵐ et en milles romains de 1483ᵐ.

Nota. Les chiffres romains sont ceux des itinéraires ou de la carte; les chiffres arabes indiquent les distances converties, soit en milles soit en lieues.

In itinere ab Andemantuno-Cambetem.

Epamanduoduro-Cambetem : XXI leugas ; 46 MP.

In itinere à Mediolano per Alpas Grajas-Argentoratum.

Vesontione-Velatudurum : 15 leugas ; XXII MP.
Velatuduro-Epamantodurum : 8 ; XII.
Epamantoduro-Grammatum : 12 ¹/₂ ; XIX.
Grammato-Largam : 17 ; XXV.
Larga-Uruncos : 12 ; XVIII.
Uruncis-Montem-Brisiacum : 16 ; XXIV.
Monte-Brisiaco-Helvetum : 17 ; XXV.
Helveto-Argentoratum : 20 ; XXX.

In itinere à Mediolano per Alpas penninas-Moguntiacum.

Saloduro-Augusta-Rauracorum : XXII leugas ; 33 MP.
Augusta-Rauracorum-Cambetem : XII ; 18.
Cambete-Stabulos : VI ; 9.
Stabulis-Argentouariam : XVIII et XIX et même seulement XII suivant la leçon du 10ᵉ siècle ; 27, 27 ¹/₂ et 18.
Argentouaria-Helvetum : VI ; 9.
Helveto-Argentoratum : XII ; 18.

In itinere de Pannonis in Gallias per Mediterranea loca: Sirmio-Treviros usquè.

Vindonissa-Arialbinum : XXX leugas ; 45 MP.

Arialbino-Montem-Brisiacum : XXIII et XXIV ; 34 $^{1}/_{2}$ et 36.

Monte Brisiaco-Argentoratum : XXX ; 45.

In itinere per ripam Panonniæ à Tauruno in Gallias — Ad leg. XXX.

Vindonissa-Rauracos : 18 leugas ; XXVII M. P.

Rauracis-Artalbinum : 11 ; XVII.

Artalbino-Uruncos : 15 ; XXII.

Uruncis-Montem Brisiacum : 15 ; XXII.

Carte théodosienne.

Argentorato-Hellelum : XII leugas ; 18 MP.

Hellelo-Argentouaria : XII ; 18.

Argentouaria-Cambetem : XII ; 18.

Cambete-Arialbinum : VII ; 10 $^{1}/_{2}$.

Arialbino-Augusta Rauracorum : VI ; 9.

Epomanduoduro-Largam : XVI leugas ; 24 MP.

Larga-Cambetem : XII ; 18.

Cambete-Arialbinum : VII ; 10 $^{1}/_{2}$.

Arialbino-Augusta Rauracorum : VI ; 9.

3° Détails sur les voies aboutissant :

I. d'Epomanduodurum à Larga et à Cambès ;

II. à Grammatum ;

III. à Urunc ou Orinc ;

IV. d'Urunc au Mons-Brisiacus ;

V. de Larga à Urunc ;

VI. à Arialbinum ;

VII. à Stabula et delà à Argentouaria , en passant par le Castel ou poste de Fessenheim et par celui d'*OEdeburg.*

I. EPOMANDUODURUM-LARGA-CAMBÈS.

D'après l'itinéraire de Langres à Kembs , on voit que la distance à parcourir entre Epomanduodurum et Cambès était de 46 milles romains ou de 31 lieues gauloises (sans indication de postes intermédiaires.)

En suivant les indications de la carte théodosienne , la distance entre Epomanduodurum et Cambès par Larga , n'était que de 42 milles romains ou 28 lieues gauloises.

Il y avait donc deux voies différentes : l'une par Larga, l'autre par le col du Val Dieu , où se trouvait un vaste camp à inspecter.

1º voie par Larga.

En suivant la voie qui de Mandeure se dirige sur Larga, par Valentigny, Dasle, Badevel, Fesch-l'Eglise, Delle, Florimont et par Courtelvant , on trouve la distance des 24 milles ou de 16 lieues gauloises accusées par la carte théodosienne.

A la sortie de Larga , la voie sous le nom de Stein-Ritti, passait par Hirsingen aux nombreuses ruines fatidiques ; arrivé près de la vigie si élevée établie sur la voie venant d'Arialbinum , à la croisée avec le Heerweg menant du Mont Terrible à Urunc , le voyageur pouvait pendant quelques milles suivre l'une des deux voies suivantes :

(a) l'une , celle du Hohritt , passait au pied du camp dit Burgzelg , montait au poste de buccinators ou vigie établie sur la route de Paris à Bâle, descendait à Heywiller , où la voie prenait par les terres des Géants (*Riesenfeld*) , puis par le Mont des fers de flèches (*Nägeliberg*) ; traversait Kœtzingen (*le village des Païens*) , d'où sous le nom de Hohweg et de Hohstrass , elle gagnait Cambès per Waltenheim et Hohkirch (ruines) en pénétrant dans le Kœtzenhaardt (*la Haardt des Païens*) non loin du S'latt ou Schlatt-Schäntzli (la petite redoute qui reflète une vive lumière) (une specula). Cette voie mesure 19 milles romains.

(b) l'autre voie que le voyageur pouvait prendre , se dirigeait de la haute vigie vers Tagsdorf, (sous le nom de Stein) ; puis sous le nom d'Alti-Stross , elle passe par le canton dit Heiden , puis devant le Heuli-Hof sous le nom de Ritti ou Ritter-weg et atteint Rantzwiller où elle croise la voie d'Arialbinum à Urunc , dite Vieille-poste et Che-min des troupes, Heerweg.

Un Heerweg dit aussi Vie-weg servait diagonalement de trait d'union entre les voies (*a*) et (*b*) de Rantzwiller à Walbach.

Au sortir de Kœtzingen, la voie (*b*) passait à portée de trait du camp dit Humburg, près du canton , ou lieu dit, Hatten (la défaite)[1]; de là elle se confondait avec le Hoh-weg allant à Cambès.

La longueur de la section (*b*) est de 18 milles.

Si donc l'on ajoute aux 24 milles de Mandeure à Larga les 18 milles de cette voie (*b*) on retrouve les 42 milles de la *carte théodosienne*. On aurait 43 milles si l'on addition-nait les 24 milles et les 19 milles de la section (*a*).

2° voie par le col de Val Dieu.

Après avoir suivi de Mandeure à Fesch-l'Eglise la même voie que nous avons indiquée pour la voie d'Epomanduo-durum à Cambès par Larga, on laisse Delle sur la droite ; on pénètre dans le bois dit Olvairet , vers Grandvillars ; puis par le bois de l'Essaire et par le canton de l'Etang de la Ville (Villa); on passe par Grosnes ; de là à Bretagne par le canton de la vigie du Breuille ; puis par Montreux-Château, par Montreux-vieux ; par Valdieu, Retzwiller, Dannemarie , Ballersdorf et Altkirch , toutes localités à antiquités Celto-romaines. D'Altkirch la voie rejoignait Tagsdorf d'où par l'Alti-Stross ou Hohweg , déjà décrit[2], elle aboutissait à Kembs.

Ce parcours total est exactement de 46 milles, chiffre de l'*itinéraire* : Ab Andemantuno Cambetem. (de Langres à Kembs.)

II. GRAMMATUM.

Nous avons dit que la voie de l'Ill reliait Argentora-tum directement aux villes de la colonie Helvétique, et ne faisait pas simplement suite à la voie du Rhin.

[1] Près de ce camp passait un Rittiweg , dit aussi Vieweg et Steinweg , se rendant aux passages du Rhin de Rheinwiller et de Bellingen par Niffer ; on trouve les traces d'une foule de vigies ou specula le long de cette voie.

En effet, après avoir dépassé Argentouaria qu'elle laissait sur sa droite dans les plaines d'Ohnenheim et de Heidolsheim, elle passait successivement par la ville celtique d'Ensisheim, où elle croisait la route de Vesontio au Mons Brisiacus ; par Urunc, Larga et Grammatum près du Mont Terrible, d'où enfin par les hauteurs qui séparent les bassins du Doubs et de l'Aar, elle atteignait la Porta petrosa ou Pierre-pertuis sur l'une des pierres de laquelle se lit encore l'inscription suivante :

NVMINI AVGVS
TORVM
VIA FACTA PER M
DVNIVM PATERnM
II VIRVM COL HELVET

En l'honneur des Augustes, cette voie a été faite par M. Dunius Paternus Duumvir de la colonie helvétique.

A cette pierre-pertuis aboutissaient également des routes venant d'Arialbinum et d'Augusta Rauracorum. Nous ne faisons ici que l'esquisse générale de cette grande artère ou voie de l'Ill pour nous attacher spécialement aux détails relatifs à Grammatum.

On lit dans l'itinéraire de Milan à Strasbourg par les Alpes Grées.

Epomanduoduro-Grammatum : 13 lieues gauloises ; XIX milles romains.
Grammato-Larga : 17 ; XXV.
Larga-Uruncos : 12 ; XVIII.
Uruncis-Montem Brisiacum : 16 ; XXIV.

Et sur la carte théodosienne.

Epomanduoduro - Larga : 16 lieues gauloises ; XXIV milles romains.

D'après cela, les antiquaires, ne trouvant où placer Grammatum, ont proposé :

Les uns, de *rayer* ce nom des itinéraires ; les autres de *tronquer* les nombres ci-dessus. Alors ils arrivaient à placer Grammatum, soit à Offemont, soit à Fesche-l'Eglise, soit sur le mont Gramont près de Beaucourt, etc.

Or, en lisant toutes les dissertations dont l'emplacement de Grammatum a été l'objet, nous avons été étonné de l'oubli constant dans ces recherches, de l'importante position stratégique du mont *Gremay*, lequel forme point de partage entre les bassins de l'Ill, du Doubs et de l'Aar ; montagne située à l'Est d'Epomanduodurum, au Nord de la Pierre-pertuis, au Sud de Larga et à l'Ouest d'Arialbinum et d'Augusta Rauracorum ; en un mot, d'un point central, dans une position jugée si importante, que dans un simple rayon de trois lieues, on trouve l'assiette de plus de vingt camps et d'autant de Castels, appuyés encore vers Arialbinum par le camp de Hoffstetten en face du Landskrone.

Tant de postes massés sur une si petite surface devaient cependant éveiller l'attention et faire comprendre l'importance attachée autrefois à ce point.

Voici les noms de ces camps :

1º Bassin du Doubs : les camps de Chevenez, de Porrentruy, d'Alle, de Buis et de Milandre ;

2º Bassin de l'Ill : les camps du Mont-Terrible ou de César, celui de Levoncourt, de Courtavon, de Winckel, du Hinterburg, du Blockmont et du Burgmatten ;

3º Bassin de la Byrse ou de l'Aar : les camps de Pleigne, de Lœwenburg, de Roggenburg, de Develier, de Courtfaivre, de Courrendlin, de Vicques, de Courroux et de Montsevelier.

En rapprochant toutes ces données on arrivait à la conclusion suivante :

Deux points de l'itinéraire sur trois, sont connus de nos jours, savoir : Epomanduodurum et Larga, distancés l'un de l'autre par 24 milles romains (suivant voie déjà décrite, par Valentigny Badevel, etc.)

Or entre ces deux points distancés seulement entre eux par 24 milles devait se trouver Grammatum, éloigné d'Epomanduodurum par 18 ou 19 milles, et de Larga également par 25 milles.

Forcément donc Grammatum formait le sommet d'un triangle, ou à peu près, ce qui conduit naturellement au plateau du mont Gremay, lequel en effet correspond très-exactement aux chiffres des itinéraires.

En effet en mesurant par la voie de Mandeure, Cour-
celles, Hérimoncourt, Abévillers, Courtedoux, Porrentruy et Courgenay, on trouve XIX milles jusqu'au plateau
désigné, situé à environ deux milles et demi du canton
dit : Prés sur la ville, banlieue de Charmoille, par lequel
passe le chemin dit : Vie des tombeaux, à cause de la
grande quantité de sépultures qu'on découvre le long de
ce chemin, indice certain de l'approche d'une grande
ville.

Ce point satisfait donc à la première indication de l'itinéraire relative aux 19 milles d'Epomanduodurum à
Grammatum ; nous allons voir qu'il satisfait également
à la seconde, à celle des 25 milles entre Grammatum et
Larga.

Pour faire ce trajet, plusieurs voies, toutes d'une certaine importance militaire, se développent à nos regards ;
mais en raison de la grande quantité de camps et de
l'emplacement orographique de ces derniers, la voie la
plus importante paraît avoir été celle du camp de Blochmont situé sur le Glassberg. De ce point culminant le re-
gard embrassait tout le Sundgau et le Jura helvétique ;
à ses pieds se croisaient plusieurs voies venant d'Urunc,
de Cambès, d'Arialbinum et d'Augusta Rauracorum. De
plus on y recevait les signaux d'une foule de specula, de
castels et de camps, que la stratégie de l'époque avait
comme semés sur ce territoire. Nous voyons spécialement groupés à ses pieds ; les camps de Pleigne, de Lewenburg, de Roggenburg, défendant le passage de la
Lucelle en face de la gorge du Blochmont ; les camps de
Burgmatten, de Sondersdorf, de Hinterburg, et de Winkel, défendant les gorges du pâté de montagnes de Ferrette jeté en avant de la Lucelle. — On comprend dès
lors l'importance de ce point du Blochmont.

Arrivé au camp du Blochmont après une course de dix
milles par Azuel, Pleigne, Lewenburg et Roggenburg,
le général descendait aux camps dits Burgmatten et Hin-
terburg-de Winckel, d'où il se dirigeait sur Durlinsdorf
par l'un des nombreux Heerweg qui y aboutissent. A la
sortie de Durlinsdorf, il passait devant la vigie dite Buck,
établie sur une via des tombeaux aussi appelée Heerweg

et Steinweg. Il traversait successivement Moos, Niederlarg et Bisel, et arrivait enfin à Larga, après un nouveau parcours de 15 milles, lesquels ajoutés aux premiers 10 milles (de Grammatum au Blochmont) constituent les 25 milles de l'itinéraire.

A cette voie ainsi décrite il y avait une variante très-intéressante, de 15 milles également. Le général pouvait descendre de Blochmont à Rædersdorf, village bâti au carrefour de plusieurs voies ; y prendre celle qui venait du camp de La Burg établi près de la vigie du Römel ; cette voie passait à Sondersdorf en face de la hauteur du Burgmatten, traversait l'Usenfeld, et sortait par la gorge de Ferrette pour arriver à Larga par Kœstlach, Mœrnach, Niederlarg et Bisel ; ou bien encore par le Kœtzenpfad, il allait de Kœstlach, à Feldbach et par le Ritti (la chevauchée) de Bisel il arrivait à Larga.

Les gorges de Ferrette étaient la clef de la frontière de la vallée du Doubs.

Enfin il se présentait une autre voie de 25 milles également, savoir : de Grammatum à Azuel, à la vigie de Blitzhausen ou Pleujouse, au camp de Charmoïlle, aux camps de Winckel, du Hinterburg, du Blochmont, puis par la gorge dite Hübelskirch (l'église des tumuli) ; par les Burgmatten et l'Usenfeld de Sondernach ; par la gorge de Ferrette, le Steinweg de Kœstlach, de Moos, de Niederlarg ; enfin par le Ritti de Bisel, on arrivait à Larga.

On le voit, l'emplacement du mont Gremay, comme étant l'antique Grammatum, correspond à toutes les exigences des itinéraires.

A l'objection qu'on pourrait faire qu'entre le mont Gremay et Larga, la voie la plus directe n'est que de 14 à 15 milles, et que le détour par le Blochmont n'est qu'un prolongement fictif à l'appui de notre proposition, nous répondrons par une observation aussi simple que décisive, savoir : Que si le général qui a tracé l'itinéraire n'avait eu en vue que le trajet le plus court possible, il eût pris directement d'Epomanduodurum à Larga et n'eût point passé par Grammatum, puisque d'après la carte théodosienne il n'existait que 24 milles entre Mandeure et Larga, tandis que l'itinéraire en accuse 19 plus 25 = 44, en prenant par Grammatum. Nous verrons tout à l'heure un autre itinéraire faire semblable circuit de plus de 10 milles pour aller d'Arialbinum au Mons Brisiacus en passant par Urunc.

Sur la carte du Jura dressée par le colonel Quiquerez le mont Gremay est signalé comme ancien oppide romain.

III. Urunc ou Orinc.

On lit dans les itinéraires :

1° *In itinere per ripam Pannoniæ-Tauruno in Gallias.*

Arialbino-Uruncos : XXII MP.
Uruncis-Montem Brisiacum : XXII.

2° *In itinere à Mediolano per Alpes grajas-Argentoratum.*

Larga-Uruncos : XVIII MP.
Uruncis-Montem Brisiacum : XXIV.

NOTA. L'un des itinéraires disant 22 milles entre Urunc et Brisach et l'autre disant 24 milles, la différence est de deux milles entre les indications de ces itinéraires. — On en verra l'explication fort rationnelle, au § IV d'*Urunc au Mons Brisiacus.*

Le général qui devait se rendre de Turin à Strasbourg, paraît avoir eu pour mission d'inspecter les postes échelonnés depuis Vindonnissa jusqu'à Arialbinum d'abord ; puis il devait se rendre au Mons Brisiacus par Urunc : c'est-à-dire qu'abandonnant la voie la plus directe par Cambete et Stabulis qui n'était que de 34 milles $\frac{1}{2}$, il faisait un à-gauche par les hauteurs des dernières collines du Jura, c'est-à-dire un détour de plus de 10 milles, puisque par Urunc le parcours devenait de 22 + 23 = 45 milles, suivant les données de l'itinéraire de *Pannonis in Gallias per Mediterannea loca.*

Ce ne devait pas être sans motifs.

En effet, le Jura alsacien était couvert de postes romains ; les voies y étaient nombreuses, et ses hauteurs, dont toutes les vallées débouchaient aux bords du Rhin, formaient la seconde ligne de défense du pays contre les incursions des barbares.

Or voici quelle était la voie qu'on suivait par ces hauteurs pour aller d'Arialbinum à Urunc :

D'Arialbinum situé, en face de l'embouchure de la Wiesen dans le Rhin, on gagnait les hauteurs de Hägenheim par le Römersweg ou Schelmenweg ; on suivait ensuite le Hohweg jusqu'à Altenschwyler ; on passait sur le Steinberg, à droite vers Ranspach ; par le Steingass on arrivait à Helfranzkirch et au poste de la vigie du Gigenseck, d'où par le chemin dit Heerweg on côtoyait Zäzingen le long des Kriegacker (champs de guerre), ayant sur la droite le Burglé de Magstatt (le champ du combat) ; puis on traverse le Nægeliberg (le mont des fers de flèches.) Sous la dénomination de Vieille poste la voie passait ensuite à Ranzwiller, où elle croisait le Hohweg de Cambès à Larga, près du village de Kœtzingen (les Païens) à 1,500 mètres d'un Hatten ou lieu de défaite[1]. Au sortir de Rantzwiller la voie se prolongeait sous le nom de Heerweg par la forêt dite Buchwald à portée de flèche du Schäntzli, ayant à sa gauche le Nägelisée, traversant Steinbrunn-le-bas sous le nom de Schlossgass ; se poursuivant sous celui de Heerenweg ; ayant sur sa droite vers le Rhin en face de Cambès, la ligne de vigies du Buck-Raïn, du Klein-Buck, du Keigy-Wald et du Buck-Strüt, près du Klein-Römer de Schlierbach. La voie traversait ensuite Bruebach où aboutissait la voie de Larga à Urunc, sur la hauteur du Römer-Gigel. De Bruebach

---

[1] Tous les cantons portant le nom de *Hatten*, récèlent des substructions et de nombreux débris d'armes ; nous citerons spécialement dans le Haut-Rhin, Hattstatt et Hattenschlag et dans le Bas-Rhin, le village de Hatten ; les cantons circonvoisins des Hatten portent en outre des noms de guerre très-accentués. La linguistique nous dit que Hatten signifie : défaite, déroute.

Celtique : hasta, se hâter ; héta, tirer au large, s'enfuir ; gwada, perdre le sang ;

Latin : hasta, javelot ; et hetta, objet devenu sans valeur ;

Grec : hätta, déroute ;

Allemand : hatsch, hallebarde ; hader, dispute ; hetzen, donner la chasse ;

Français : en toute hâte.

un embranchement se dirigeait vers Stabula sous le nom de Heerweg en passant par le canton dit Heid et croisait au-dessous de Zimmersheim le Vieweg de Cambès à Urunc, Vieweg aussi appelé Alt-Baslerweg.

La voie d'Arialbinum à Urunc, au contraire, se continue sous la dénomination d'Altgass, traversant la hauteur du Stœckliberg (une statuette de Mercure); elle pénétrait dans le Tzourenwald[1] par le canton dit Roth ; la voie en sort sous le nom de Soodlen, pour arriver à la vigie du Gigenberg et audelà, au canton dit Urben, l'ancien Urunc. On y arrivait encore par un Heerweg situé un peu sur la droite du Soodleweg.

Cette route ainsi décrite est de 22 milles, ainsi que le veulent les itinéraires.

IV. D'URUNC AU MONS BRISIACUS.

Deux voies pouvaient être suivies pour aller d'Urunc au Mons Brisiacus, savoir :

1° Partie de la voie d'Urunc à Argentoratum jusqu'à la rencontre de la voie de Vesontio au Mons Brisiacus, et ensuite cette dernière voie jusqu'à la cité.

2° On pouvait encore suivre :

(a) Le prolongement du Heerweg venant de Larga et joignant près d'Ottmarsheim la voie militaire du 2e lit majeur du Rhin ;

(b) Cette voie militaire jusqu'à Balgau ; et

(c) De Balgau au Mons Brisiacus, la voie des castels dite Alti-Stroos passant près des Heeren-Acker d'Ober-Sasheim, lesquels séparent l'Alti-Stroos de la voie militaire, reliée en ce point à la voie de Vesontio par un Vieweg.

La première voie indiquée porte les noms suivants : Steinert, Alti-Stroos, Breinweg. Cette dernière dénomination (celtique) se trouve dans les banlieues de Baldersché et de Battehnè, souvent exposées aux inondations, ce qui explique la dénomination de *brein* (chemin dans

---

[1] Tzour, Sour, Tyr, l'antique ville de sacrifies.

les marais.) La voie pénètre dans les cantons de forêts dits Heidenwinckel (coin des Payens) et Roth ; puis elle passe sur les ruines de Mietersché et près de celles de Zermerché ; à 500 mètres en aval de ces ruines elle croise la voie de Vesontio , en un carrefour où aboutissait un Vieweg reliant la vallée de Guebwiller au Rhin, à Blodelsheim, en face du Hohweg badois de Griesheim. Le carrefour porte le nom de *Rothlaïble* [1].

La route de Vesontio qu'on empruntait en ce point y porte le nom d'Alti-Stroos, depuis Ensisheim jusque vers Heitern , où elle prend indifféremment les noms de Alte-Post-Weg , et de Hohsträssel , pour disparaître sur de très-grandes distances dans un large ravin dont les eaux se sont écoulées dans le Rhin , partie entre Algolsheim et Volkelsheim après avoir détruit la voie militaire du Rhin ; partie en aval de Biesheim en suivant le Hohle-Land de Neuf-Brisach et dont partie enfin retournaient à l'Ill en suivant le Sohlen de Widesohlen. — La voie du Rhin fut rétablie , mais avec un relief moindre ; celle de Visontio ne le fut plus. La direction générale de la partie amont conduit par les ruines romaines de Volk-Elzé, dans lesquelles est établi le cimetière de ce village.

Les 24 milles de l'itinéraire de Milan se retrouvent exactement en suivant la voie ci-dessus décrite. Mais comme l'itinéraire de Turin n'accuse que 22 milles nous allons examiner d'où provient cette différence des 2 milles.

Les ruines de Volk-Elzé sont à 2 milles romains du

---

[1] En Alsace on dit vulgairement : Gemeine *roth*, conseil municipal ; *roth*-huss, la mairie ; *roth*-gâa, donner des conseils ; *rothen*, deviner.

En allemand : *rath*, un conseil ; en celtique : *rât*, la réflexion qui porte conseil ; en grec : *rothos*, le bruit des assemblées délibératives ; *ratio* en latin, le raisonnement, le jugement.

Laïbel ou *Laïwel*, contraction des mots celtiques : *Lé, aï, bel*, m. à m. le serment douloureux du combat. — En grec: *rothos-laioo-belei* , le bruit tumultueux des assemblées délibérant sur les augures néfastes du combat.

D'après cela le carrefour du Rothlaïbel devait être le lieu où s'assemblaient nos ancêtres pour délibérer de la guerre.

Mons Brisiacus. En ce point la voie de Vesontio se croisait avec un Hohweg qui des camps de cavalerie établis à Obersasheim se dirigeait vers Argentouaria en passant par le poste d'Œdeburg et le canton dit Römer. La dénomination de Volk-Elzé, prise par le village qui s'est élevé à côté des ruines, a vulgairement la signification de *poste militaire*, et nous la retrouvons dans cet autre poste romain du Volkensburg à la croisée de diverses voies romaines entre Larga et Arialbinum.

Si donc l'on se rapelle que le Mons Brisiacus était alors sur la rive gauche du Rhin ; que ses faubourgs s'étendaient au loin dans les terres dites de la ville de Paille, où l'on trouve des médailles romaines sous les pavés des anciennes rues ; que les ruines de Volk-Elzé ne sont pas plus éloignées du Mons proprement dit que ne le sont les ruines de la ville de Paille, on voit que le poste de Volk-Elzé a pu être un relais à *l'entrée de la ville*; car, chose remarquable, c'est jusqu'en ce point également qu'on mesure 24 milles par la seconde voie que nous avons indiquée pouvoir être suivie pour aller d'Urunc au Mons Brisiacus, (par le Heerweg, la via militaris et l'Alti-Stroos). Ainsi s'expliquerait tout naturellement la différence des deux milles entre les indications des itinéraires de Turin et de Milan, sans qu'il soit nécessaire de modifier quoi que ce soit aux chiffres de ces itinéraires.

V. Voie de Larga a Urunc.

Distance : XVIII MP.

Nous venons de voir que les distances d'Arialbinum à Urunc et d'Urunc au Mons Brisiacus, se retrouvent parfaitement par suite de l'emplacement que nous indiquons pour l'antique assiette d'Urunc, sur la hauteur de Riedisheim, au lieu dit Urben.

Nous allons voir que les 18 milles indiqués entre Larga et Urunc, correspondent également à cet emplacement.

Deux voies, l'une et l'autre de 18 milles, se présentaient entre Larga et Urunc : l'une par Altkirch, l'autre par Hirsingen.

Celle par Altkirch porte le nom de Heerweg entre Larga et Altkirch ; à l'entrée de cette ville elle passe sur le Buckenberg (le mont des Buccinators); à la sortie elle se dirige sous le nom Steinweg et de Vieweg au Kâder-Eck de Luemschwiller[1], où elle croise le Heerweg venant de Volkensburg ; delà la voie monte à l'Altenberg (le mont des Ancètres) sous les noms de Stein et de Diet-Elzweg ; se dirigeant sur Bruebach qu'elle atteint au canton dit Römer, où elle emprunte, jusqu'à Urunc, la voie déja décrite d'Arialbinum à Urunc.

Celle par Hirsingen porte le nom de Stein ; elle monte à la vigie de 40 pieds de hauteur de Bettendorf ; de la vigie elle se dirige par Tagsdorf et Obermorschwiller vers le mont des Ancêtres, empruntant à son tour jusqu'à Urunc, la voie d'Arialbinum à Urunc. A Tagsdorf elle croisait le Hohweg venant de Cambès ; à Obermorsch-willer elle croisait un Stein-Ritti, puis un Heerenweg au canton dit des Payens ; enfin elle traversait les cantons Im Schild et Klüpenacker (les champs des boucliers : Schild en allemand et Clypeus en latin.)

Nous allons encore donner pour la voie d'Altkirch une très-belle variante de 18 milles également.

A la sortie d'Altkirch, on prenait un Vieweg qui s'étend sur la hauteur entre Heidwiller et Tagolsheim, et traversant l'Ill près de la vieille Eglise dite Burnkilch , au pied du Buxenberg (le mont des Buccinators); puis on empruntait la grand'route actuelle qui passe à Illfurth (le gué de l'Ill) et à Zillisheim où passe le Heerweg venant de Cambès ; de là à travers les ruines de Béïs, enfin à Brunnstadt où la voie montait à Urunc par le Steinberg (le mont de la voie pavée) , passant au canton Hermès (statuette de Mercure) placée à la croisée du Steinberg avec le Heerweg ou Altistross de Volkensburg descendant dans la plaine par Mulhouse ; enfin on atteignait Urunc par l'extrémité du plateau dit Giger ou Gucker - Buck (le Buccinator en observation.)

Nous n'insisterons pas davantage sur la coïncidence toujours constante de toutes les données relatives à l'emplacement d'Urunc.

VI. ARIALBINUM.

Nous avons dit que cette station était placée sur le mamelon situé au Nord de Bâle, en face du delta de la Wiesen dans le Rhin. Ce mamelon forme séparation entre les eaux allant se jeter dans la Birsig, d'avec celles du Rhin. Le centre en est à 1250 mètres du pont de Bâle.

Déjà nous avons vu à propos d'Urunc, que cette position correspond aux 22 milles de l'itinéraire de Milan entre Urunc et Arialbinum. Nous allons voir qu'elle réalise également les distances données par la carte théodosienne et par l'itinéraire Sirmio-Treviros usque. (Des bords du lac de Garde jusque chez les Trévires.)

Nous lisons dans ce dernier :

Arialbino-Montem Brisacum : 23 et aussi 24 leugas suivant les diverses leçons ; XXXIV $^1/_2$, XXXVI M. P.

Et sur la carte théodosienne :

Augusta-Rauracorum-Arialbinum : 6 leugas ; IX MP.

Arialbino-Cambetem : L 7 ; X $^1/_2$ MP.

Or nous trouvons les 36 milles ci-dessus entre Arialbinum et le Mons Brisiacus, soit que nous suivions la voie militaire du 2e lit majeur du Rhin jusqu'à sa croisée avec la voie Vesontio et celle-ci jusqu'à la Cité ; soit que nous ne suivions la voie militaire que jusqu'à Balgau pour suivre la voie des castels, (le Hohweg aboutissant au poste de Volk-Elzé après avoir passé dans les campements de cavalerie du camp permanent de Heitern ou d'Obersasheim.)

Augusta Rauracorum étant un point non controversé, si l'on mesure du centre de cette ville au centre du mamelon indiqué, on retrouve les 6 lieues gauloises ou les 9 milles de la carte théodosienne.

Que si du centre du mamelon (vers lequel se dirige en ligne droite le Römerweg, ou Diebsweg, ou Schelmenweg, qui descend des hauteurs de Hägenheim) on mesure jusqu'au centre de Cambès, (au Hohweg qui de Kembs va à Schlierbach où il bifurque vers Belfort et vers le ballon d'Alsace) on retrouve à 50 mètres près les 7 lieues gauloises indiquées par la carte.

Arialbinum devait donc se trouver sur le mamelon que nous indiquons, et l'opinion qu'on avait jusqu'ici, que Biningen était l'antique Arialbinum, doit être abandonnée. Biningen ne remplissant nullement les conditions de *distances* voulues pas les itinéraires puisqu'il est éloigné de Cambès de 13 milles au lieu de 10 $\frac{1}{2}$ et qu'il n'est qu'à 7 milles $\frac{1}{2}$ d'Augusta Rauracorum, au lieu d'en être distant de 9.

VII. STABULA-ARGENTOUARIA, CASTELS DE FESSENHEIM ET D'ŒDEBURG.

Au sujet de Stabula on lit :

In itinere a Mediolano per Alpes penninas-Moguntiacum.

Cambete-Stabula : 6 leugas; IX MP.

Stabulis-Argentouaria : 18 et 19 leugas et même 12 suivant la leçon du Xe siècle; — XXVII, XXVIII $\frac{1}{2}$ XVIII MP.

En mesurant la distance qui sépare le centre de Kembs du centre de Sappenè (où nous avons indiqué que se trouvait jadis la station de Stabula on trouve, (en suivant d'abord la voie militaire du 2e lit majeur puis en descendant dans le 3e lit par le Stabele-Rain), une distance de 9 $\frac{1}{2}$ milles.

Que si l'on mesure en partie le long de la voie militaire du 2e lit majeur, et en partie le long de la voie des castels, on retrouve exactement les 9 milles indiqués.

On le voit, jusqu'ici nous n'avons pas eu une seule fois à accuser les itinéraires d'inexactitude ; mais nous touchons au moment où à propos d'Argentouaria, l'itinéraire de Milan et la carte théodosienne n'offrent qu'une confusion telle que l'obscurité la plus complète a régné jusqu'ici dans les recherches. Le relevé de la voie des castels établis le long du Rhin dans le 3e lit du Rhin ou lit inférieur, nous a aidé à faire le jour sur cette question.

En effet d'après les diverses leçons qu'on possède de l'itinéraire de Milan, Stabula était placé à XII, XVIII, XIX lieues d'Argentouaria.

Cambès étant distant de VI lieues de Stabula se trouvait par conséquent à XVIII, XXIV ou à XXV lieues d'Argentouaria.

Or nous lisons d'autre part sur la carte théodosienne que Cambès n'était distant d'Argentouaria que de XII lieues seulement.

La différence entre les extrêmes est donc de VII lieues ou 15,554 mètres. On voit donc à priori qu'il a y eu omission de dénomination d'un poste intermédiaire, attendu que les 12 lieues ou 18 milles de la carte théodosienne ne peuvent convenir comme distance entre Cambès et Argentouaria, dont les ruines sont enfouies dans les marais de l'Ill, sur l'ancienne marche formant frontière entre les Tulingiens, les Latobriges et les Triboques, et comme cette distance est de 25 lieues gauloises, à vol d'oiseau, (du centre de Kambès au centre d'Argentouaria) à fortiori doit-elle être plus grande par une route ordinaire. Ces 25 lieues sont la distance qui résulte de la leçon du IXe siècle (édition Wesseling) (XIX + VI) de l'itinéraire de Milan.

Voici les résultats de nos recherches pour connaître quels sont les postes intermédiaires omis ou non indiqués.

1°. CAMBÈS-ARGENTOUARIA.

En mesurant suivant la via militaris seulement :

VI	lieues jusqu'en face de Stabula,
VI	— jusqu'à la croisée du Schwitzerstross à Fessenheim, (un tumulus s'y trouve, qu'on a fouillé sans résultats ordinaires, c'est-à-dire sans qu'on ait trouvé de squelettes ; ce devait donc être une vigie en communication avec le castel dit Steinbrunn, sur les Schlossmatten de Fessenheim) et avec le camp de Heitern près de la voie de Vesontio.
Total XII	— Indiquées par la carte théodosienne.

Report XII

De ce point jusqu'à Argentouaria nous trouvons :

VII   lieues jusqu'au poste d'Œdeburg en aval de Biesheim.

VI ¹/₂   — depuis Œdeburg jusqu'à Argentouaria par le Hohweg ou Heidenweg de Kuenheim, Elzenheim, etc.

Total XXV ¹/₂   — L'itinéraire de Milan en accuse XXIV et aussi XXV.

En suivant la voie du Rhin jusqu'à Fessenheim et le Schwitzerstroos jusqu'à Dessenheim ; puis le Heerweg aussi appelé Hohsträssel et Hunsweg, par Durren-Entzen, Iebsheim et Grussenheim, on trouve:

XII   lieues jusqu'à Fessenheim.

XIV   — jusqu'à Argentouaria.

Total XXVI   — gauloises.

En suivant la voie du Rhin jusqu'à Fessenheim ; le Schwitzerstroos jusqu'à Appenwihr ; puis le Ritterweg et le Hohstroos par le Kastenwald, Muntzenheim, Iebsheim et Grussenheim, on trouve :

XII   lieues jusqu'à Fessenheim (voie militaire du Rhin.)

VI   — jusqu'à Appenwihr (Schwitzerstroos.)

VIII ¹/₂   — jusqu'à Argentouaria (Ritterweg et Hohweg.)

Total XXVI ¹/₂   —

Entre toutes ces données le rapprochement est très-sensible et le castel de Fessenheim est l'un des postes ou relais intermédiaires dont l'indication nominale est omise dans les itinéraires.

2° STABULA-ARGENTOUARIA.

Nous trouvons par la voie des castels :

VI   lieues gauloises de Stabula à la croisée des voies à Fessenheim.

VI   — gauloises de Fessenheim à Œdeburg par la voie militaire.

Total XII   — correspondant aux XII lieues de la leçon du Xe siècle.

VI $^1/_2$ — jusqu'à Argentouaria par le Heiden-strässel de Kuenheim.

Total XVIII $^1/_2$ — La leçon 9e siècle en indique XIX.

On trouve encore en suivant la voie des castels :

(*a*) X $^1/_2$ lieues de Stabula au poste de Volk-Elzè à la croisée du Hohweg venant des camps de cavalerie d'Obersasheim ou Heitern, avec la voie des castels dite Alti-Stroos.

(*b*) XII $^1/_2$ lieues de Stabula jusqu'à Œdeburg, à la croisée du Hohweg susdit, avec la voie militaire du 2e lit majeur.

Les ruines d'Œdeburg seraient donc l'emplacement du poste intermédiaire omis dans la leçon du dixième siècle de l'itinéraire de Milan.

(*c*) Enfin XIX $^1/_2$ lieues de Stabula au centre des ruines d'Argentouaria par la voie des cantons Im Rœmer, banlieue de Biesheim, et Rœmer, banlieue de Kueuheim, se continuant par Durren-Entzen, Jebsheim et Grussenheim. A Durren-Entzen cette voie s'unit au Heerenweg de Dessenheim ; à Jebsheim elle porte le nom de Hohweg.

De tout ce qui précède il résulte :

1° Que les XII lieues de Cambès à Argentouria de la carte thédosienne correspondent au castel du Steinbrunn, banlieue de Fessenheim ;

2° Que les XII lieues de Stabula à Argentouaria d'après la leçon du dixième siècle de l'itinéraire de Milan correspondent au poste d'Œdeburg, banlieue de Biesheim ;

3° Enfin que les XVIII ou XIX lieues des autres leçons du même itinéraire de Milan confinent à Argentouaria.

C'est donc avec raison que nous avons pu dire au commencement de notre travail : « Que nous le présentons avec une précieuse garantie de réussite, celle de la plus parfaite concordance avec les données des itinéraires et de la carte thédosienne. »

Remarque. — Il existe une coïncidence assez remarquable que nous ne croyons pas devoir passer sous silence, c'est que : la commune de Bantzenheim qui a hérité du territoire de l'antique relais de Stabula, a pour marque communale *un fer à cheval.*

Et que la commune de Fessenheim dont le castel paraît avoir été comme Stabula une halte, a également pour marque communale *un fer à cheval.*

VOIES DES CASTELS ÉTABLIS LE LONG DU RHIN
DANS LE 3ᵉ LIT MAJEUR.

Jusqu'ici les antiquaires n'ont été préoccupés que des voies si bien conservées qui couronnent la crête du rideau du 2ᵉ lit majeur du Rhin. Ils n'ont pas eu connaissance de diverses voies, se détachant de celles du 2ᵉ lit pour descendre dans le 3ᵉ lit majeur, afin d'y relier les castels dont parle l'historien Florus, quand il dit :

« *Nam per Rheni ripam L ampliùs castella direxit (Drusus); Bonam et Geldubam pontibus junxit, classibusque firmavit.* »

Il s'attache donc un véritable intérêt à l'étude de ces voies secondaires ; mais auparavant nous croyons devoir donner quelques aperçus généraux sur la voie militaire du 2ᵉ lit majeur.

Dans notre article, sur les lits du Rhin, nous avons appelé l'attention :

1º Sur le caractère général qu'offre l'assiette de nos villages du Rhin, sur des caps s'échelonnant le long du 2ᵉ lit majeur ;

2º Sur les noms celtiques de ces villages, pour la plupart desquels, en effet, ni l'allemand ni le français ne donnent de sens ;

3° Sur la préexistence de ces villages à l'arrivée des Romains dans nos contrées ;

4° Enfin sur l'existence notoire de villages de l'époque romaine dans le 3e lit majeur du Rhin, en contre-bas des villages établis sur les caps.

Dans un autre article, nous verrons par l'étude de l'emplacement des castels romains et de leurs vigies (Specula ou postes de Buccinatores) :

1° Que ces postes, castels ou vigies, étaient tous établis sur le premier et le second grands ravinements tracés par le Thalweg dans le 3e lit majeur, à 1,000 ou 1,500 mètres du lit régularisé moderne ;

2° Que tous ces postes romains ont été atteints, de nos jours encore, par les eaux de la crue de 1852.

D'où l'on peut inférer avec justesse :

« Que les généraux romains se sont trouvés dans la nécessité de créer, le long du Rhin, une route qui fût complètement à l'abri des inondations, pour que la marche des légions et de leurs convois ne fût point interrompue. »

De là l'origine de la belle voie du 2e lit majeur du Rhin.

Les caractères généraux de son tracé sont les suivants :

1° Le tracé affecte de longues lignes droites dans tout le parcours de la voie, à l'exception de la partie comprise au sommet de la courbe de Kembs, où le changement de direction générale du fleuve, ne permettait pas d'éviter les circuits des rives du fleuve.

2° Le tracé de la voie est généralement à distance de tout village, de là aussi la création obligée *de puits* de distance en distance. Cette particularité fait connaître et spécialise le but qu'on s'était proposé par la création de cette voie. Aussi, n'ayant été créée que pour satisfaire aux exigences d'une puissante organisation militaire lançant ses légions d'un bout de l'Europe à l'autre, la voie du Rhin en subit-elle les vicissitudes, et la vit-on insensiblement abandonnée quand la puissance des Césars se fut écroulée sous les coups redoublés des Barbares. *Elle n'avait plus sa raison d'être ;* le commerce qui avait ses intérêts ailleurs, suivait la voie qui desservait les villages établis sur les caps : ce qui ressort du fait suivant :

« C'est que la voie militaire n'a été utilisée et classée comme route impériale moderne, que dans les très-rares portions où elle relie un village à un autre village. »

Nous ajoutons que depuis lors quelques-unes de ses parties ont même totalement disparu dans les banlieues de Bantzenheim, de Rummersheim et de Blodelsheim ; nous en avons indiqué la cause dans l'action des eaux des torrents des Vosges venant se déverser dans le Rhin. De nombreux débris de toutes natures forment en effet le fond des ravins, Schlueth ou Sohlen creusés par les eaux : parce qu'en ces points elles avaient beaucoup perdu de leur violence, ce qui a permis aux débris de se déposer.

Or c'est en étudiant les écarts singuliers de la voie militaire et de la voie commerciale entre les villages de Kembs, Niffer et Hombourg, que l'idée première de l'existence de la voie des castels nous est venue à l'esprit.

Nous avions remarqué qu'à la sortie de Kembs, la voie militaire, après avoir suivi une droite de plus de 2,000 mètres de longueur, s'infléchissait brusquement dans la direction de l'ancien castel et village de Budenheim (détruits) sans cependant y passer ; car, arrivée aux bords de la berge, au lieu de descendre dans le 3e lit majeur, la voie se rejetait brusquement à gauche pour monter à un petit cap sur lequel passe l'Alti-Stroos venant d'Urunc au passage du Rhin de Bellingen, et de ce petit cap vers celui du village détruit de Saint-Martin, où aboutissait un autre Kœtzenweg allant d'Urunc à Budenheim. De Saint-Martin la voie se dirige vers Hombourg et Ottmarsheim.

Des écarts semblables se remarquent dans la voie commerciale (aujourd'hui route impériale) laquelle se détache de la voie militaire à la sortie de Kembs ; se dirige vers Niffer par le canton *Roppelis-Panten* ; descend à la sortie de Niffer dans le 3e lit majeur au canton H'Römer, et s'en va longer les méandres d'un ancien Thalweg dans la direction du même Budenheim, mais sans y aboutir non plus, car tout à coup elle se rejette sur la gauche et monte au promontoire de Saint-Martin ; en sorte que les écarts de ces deux voies sont semblables à ceux d'un homme qui se jette de côté, vers les hauteurs, en sentant les pieds perdre fond dans un marais. Ici encore ; c'est à l'action des eaux que nous croyons devoir attribuer cette singulière situation des voies aux approches de Budenheim.

Les villages de Saint-Martin, de Budenheim et du Land-Eck avec leurs castels existaient encore en 1576 ; tous trois paraissent avoir disparu dans un désastre commun. En même temps disparurent certains chemins, car il n'y avait aucun motif de voir la voie du Rhin et la voie commerciale prendre la direction du castel de Budenheim, pour ne pas y aboutir. Le Bourgweg qui relie encore ce castel à Hombourg devait être le prolongement de l'une ou de l'autre de ces voies.

Nous étions ainsi sur la trace de la voie des castels du 3e lit majeur, et c'est en en reliant les tronçons épars, que nous avons pu retrouver les distances des itinéraires entre Cambès, Stabula et autres localités, lesquelles avaient déjà été l'objet de tant de recherches infructueuses.

Voici les détails de cette voie des castels, ou plutôt des deux voies que nous avons trouvées.

1re voie des castels. — La voie des castels se détachait de la voie militaire du 2e lit majeur, en aval de Niffer ; passait au castel de Budenheim ; labourée en aval sur une certaine longueur, dans la banlieue de Hombourg, elle reparaît dans celle d'Ottmarsheim sous le nom de Kœnigsweg (chemin royal) ; elle passe près du poste dit Wachtkopf, situé en face du Burg-Acker badois de Steinestatt ; labourée de nouveau sur environ 600 mètres elle atteint les ruines de Sappenè (Stabula), sous le nom vulgaire de dritter Schlittweg ; sous le nom de Ritti, elle passe par les cantons dits Vieh-Eich et Capelle-Matt., laissant à sa droite les ruines d'Alt-Ing ; puis elle passe devant les ruines du castrum dit Burgoff en amont de Rummersheim ; sous le nom d'Alt-Ritti elle passe ensuite près des ruines de Hammerstatt ; traverse l'extrémité inférieure de Blodelsheim (près du Rittschuel) ; passe entre le poste dit Wachtkæpflé et les ruines du village de Sainte-Colombe, en aval desquelles elle atteint les ruines du castel du Steinbrunn dans les Schloss-Matten de Fessenheim ; y croise un Altweg ou Schwitzerweg ; passe au poste de Speculatores ou Buccinatores dit Stein-Buck, puis à celui dit Am-Buck, en amont du castel de Nambsheim ; passait à ce poste et sous le nom de Hohweg atteignait les campements de cavalerie de Heitern, d'où par un chemin aujourd'hui complètement disparu, on devait à cette époque atteindre directement au Mons-Brisiacus, ainsi que semble l'indiquer la direction de la grande rue de Heiteren dite Alti-Brisachergass.

2ᵉ voie des castels. — Une autre voie des castels avait son origine au poste ou vigie établie sur le tumulus qui se trouve à la croisée de la voie militaire avec le Schwitzerstross venant des bains romains de Badenwiller. Cette deuxième voie des castels empruntait la voie commerciale depuis Balgau jusqu'aux ruines de Thieryheim ; là elle descendait dans le 3ᵉ lit majeur, tandis que la voie commerciale se dirige vers Heitern où en aval elle se confond avec la voie militaire sur plus de 5 kilomètres. La voie des castels au contraire se dirige en ligne droite sous le nom d'Alti-Stroos, par Obersasheim vers les ruines de Volk-Elzè, laissant à sa droite les ruines du Sibsenthal ou vallon de la Réserve des camps de cavalerie qui s'étendaient plus vers le Rhin dit Horgiesen.

A Volk-Elze elle croisait : 1° la voie de Vesontio et 2° un Hohweg également appelé Kœnigsweg et Hunsweg, se dirigeant par Edeburg vers Argentouaria également sous le nom de Heidenweg.

Nous allons incidemment faire connaître les voies qui du Mons-Brisiacus rayonnaient vers les Vosges. Il y avait :

1° Celle qui par le poste de l'Am-Buck, se dirigeait vers la vallée de Munster, par Wolfgantzen, Appenwihr, Logelheim, les ruines de Boofènè, et par Heerlisheim, en passant à portée de flèche des camps de l'Elz-Burg, de l'Ost-Burg et du Gaïs-Burg, lesquels commandaient l'entrée des Vosges en ce point.

2° Celle dite Gerleweg, se dirigeant également vers la vallée de Munster, sous les noms de Hohweg, Wehr ou Heergass, par le village de Sundhoffen (autrefois Sundthor), par les ruines de Feldkirch et par Wintzenheim.

Elle aboutissait au Kœtzenland et à l'Usenfeld (ruines) de Turckheim [1].

3° L'Alt-Colmererweg qui se dirige en ligne droite du Mons-Brisiacus aux ruines de Durre-Loïèlè; dans le Kastenwald, cette voie passe près d'un tumulus; entre le Kastenwald et Andolsheim, elle constitue la route impériale; au delà d'Andolsheim elle est labourée sauf un tronçon appelé Burgweg; le Heerweg, ou Hohweg ou Heidenweg qui longe le Logelbach, en était le prolongement.

4° Celle dite Burgweg (vers Horbourg aux nombreuses ruines). Au point où elle croisait l'ancienne voie de l'Ill, près de Widensohlen, se trouve un carrefour où existait jadis une chapelle dédiée à Saint-Germain.

5° Une voie vers Argentouaria, passant par le canton Im Römer, banlieue de Kunheim, par Durren-Entzen, Jebsheim et Grussenheim.

Citons encore deux Kœnigsweg le long desquels sont échelonnées des redoutes de Lous XIV et de Louis XV; Kœnigsweg, considérés par conséquent comme étant de création moderne. Mais si l'on considère que ces voies traversent les cantons à dénominations antiques du Rothgerlé et du Rothlaïbel, pour aboutir au Rhin en face des cantons badois dits Rothacker et Rothhuss, que traversa la voie romaine du Mons-Brisiacus au val d'Enfer, à proximité des vigies du Berne-Buck et du Lèhli, on est porté à croire que ces deux chemins royaux sont des voies antiques.

---

[1] Au sujet de ce Gerleweg, la linguistique nous dit :
Ger-lé (celtique), la promesse sous serment; *Kerl*, un carcan;
Gehör (allemand), interrogation judiciaire; et *Kerl*, un mauvai s sujet;
Géron-lôn (grec), le magistrat scrutant, de mauvais augure.
Ce Gerléweg correspondait donc au va et vient qui devait exister jadis entre les Vosges et le Mons-Brisiacus, lequel était un lieu de refuge, et dont le droit d'asile était reconnu par les empereurs d'Allemagne. Les habitants de cette ville avaient jadis une fort mauvaise réputation, historiquement constatée, laquelle s'explique tout naturellement par l'existence du droit d'asile. (Coste. Hist. de Vieux-Brisach.)

Un autre Kœnigsweg se détachait des faubourgs du Vieux-Brisach , ou Ville-de-Paille ; il traverse successivement les cantons du Böb-Elz , du 4ter-Buck, du Dieb-Elz, du Burgenkopf et du Rothgarnenkæpflé, au pied des ruines d'Edeburg. Ce Kœnigsweg aboutissait au vieux Kunheim détruit par le Rhin en 1765. Au même point aboutissaient trois autres voies : l'Endingersträsslé venant de l'Isenburg de Rouffach ; le Kœnigsweg venant d'Andolsheim et traversant le canton du Römer ; enfin le Heerweg faisant suite à l'Alt-Frankenweg , allant au col du Bonhomme. Le Kœnigsweg empruntait à Kunheim l'Endingersträsslé pour aller au passage du Rhin dit Stein-Grien [1], de Burckheim (Bade). Cet Éndingersträsslé était encore fréquenté dans certaines de ses parties , il y a 50 ans. La direction des principales rues du vieux Kunheim et de Baltzenheim suivant cette voie, confirme le fait.

Non loin du passage du Sponeck, on retrouve le Kœnigsweg passant près d'un camp de 3 à 4,000 hommes et se dirigeant vers le Burgenkopf, autre camp ou castel établi jadis sur la voie de Rigola à Argentouaria , connue sous le nom de Vieweg, en face de Wyhl. De ce point , un chemin dit Vieweg longe les digues du Rhin vers l'ancien Rhinau englouti, se reliant à la via militaris par le Castel-Au de Gerstheim et au Heidensträssel d'Erstein par l'Ostweg.

Toutes ces voies secondaires ont subi bien des détériorations , par suite de leur position sur un sol soumis à toutes les inondations du Rhin ; en bon nombre de points

[1] Le mot Grien est d'origine celtique , et comme chaque jour il tend à disparaître davantage des cartes où il est remplacé par le mot allemand Grün, nous tenons à en faire mention ici.

On appelle vulgairement grien , le gravier de rechargement des routes, et griener les bancs de gravier (en allemand Kiesbanck) ;

En celtique : Krin, aride ; Grouan, gravier ;

En français : galet , ... pierre roulée par les eaux de la mer ; d'où un grin-galet (ce terme est même devenu le qualificatif employé pour désigner un jeune homme petit et chétif).

Les mots : grain; grenu ; granatus en latin ; ont la même origine celtique : greûn.

elles sont ou enlevées ou ensablées ; en beaucoup d'autres elles sont nivelées par la charrue ; de là leur faible relief, souvent même un manque absolu de relief, ce qui fait qu'elles ont passé plus ou moins inaperçues, tandis que celles du 2e lit majeur, droites, hautes et bien conservées, attiraient seules les regards, et concentraient sur elles tout la sollicitude des antiquaires.

Colmar, 26 novembre 1868.

CESTRE.

Colmar, imprimerie et lithographie de C. Decker.